Neuzelle

Schlaubetal und Umgebung

Wanderungen in Bildern mit Hans-Joachim Schulze

Impressum

Herausgeber:
Klosterbrauerei Neuzelle GmbH
Brauhausplatz 1 · 15898 Neuzelle

Redaktion und Fotografie:
Hans-Joachim Schulze
Bahnhofstraße 10 · 15898 Neuzelle

Druck und Gestaltung:
Fürstenberger Druck & Verlag GmbH
Bahnhofstraße 80 · 15890 Eisenhüttenstadt

ISBN 3-00-006490-7

Ein besonderes Dankeschön möchte ich an die Leitung der Naturparkverwaltung Schlaubetal, an die Wellmitzer und Neuzeller Jäger in der Neuzeller Wiesenaue, an die Förster des Naturparkes Schlaubetal und an den Bundesgrenzschutz richten, die mir großes Vertrauen und Verständnis für das Fotografieren entgegenbrachten.

Dank gebührt Herrn Helmut Fritsche von der Klosterbrauerei Neuzelle, der es mir ermöglicht hat, daß dieses Buch erscheinen konnte. Als engagierter Unternehmer stand er mir immer mit Rat und Tat zur Seite und hat sich spontan bereit erklärt, den Bildband, der mein fotografisches Lebenswerk darstellt, herauszugeben.

Hergestellt mit freundlicher Unterstützung
der Sparkasse Oder-Spree Eisenhüttenstadt.

Orientierungskarte

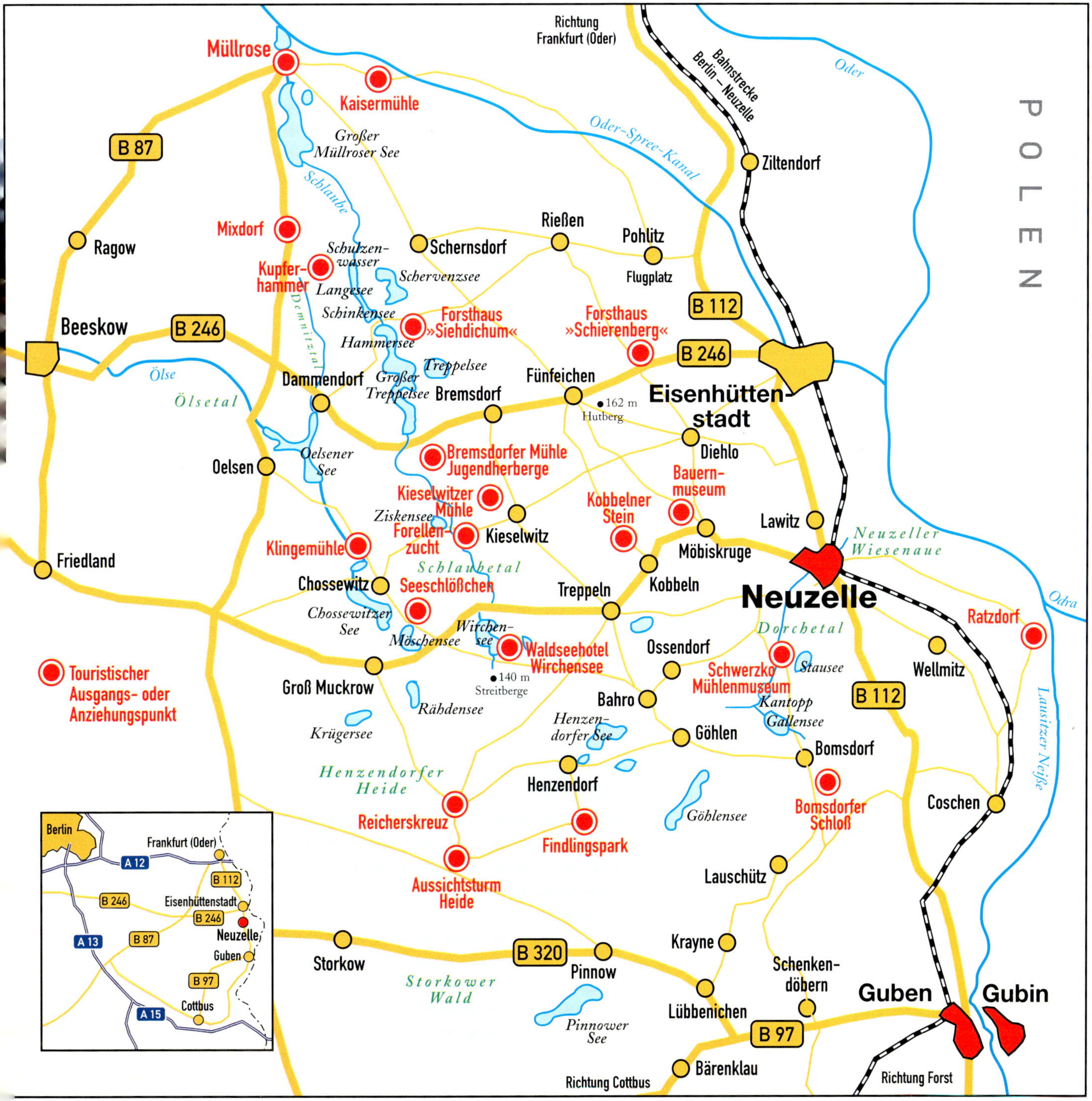

Dieser Bildband ist meiner Tochter Kathrin,
meinen Söhnen Mathias und Sebastian gewidmet,
vor allen Dingen aber meiner Lebensgefährtin Erika,
die mir zu jeder Zeit immer hilfreich und
verständnisvoll zur Seite steht.

Werte Natur- und Heimatfreunde, werte Gäste,

Sie haben einen Bildband erworben, der vielleicht Ihre Erlebnisfähigkeit in der Natur und Kultur bereichern wird. Ich möchte Ihnen ein Stück Ostbrandenburg vorstellen, welches unmittelbar an den Nachbarstaat Polen grenzt. Es ist die östlichste Stelle der Bundesrepublik, wo die Sonne zuerst aufgeht. Hier finden Sie eine Kulturgeschichte in Verbindung mit einer lieblichen, unverfälschten und teilweise unberührten Landschaft vor. Tausende von Besuchern aus nah und fern haben in den letzten zehn Jahren unsere Heimat besucht und stellten mit Erstaunen fest, daß es sich lohnt, hier etwas länger zu verweilen. Viele habe ich als Reise- und Wanderleiter begleitet. Alle Reisegruppen, ob unsere Landsleute, Holländer, Schweizer oder Österreicher, alle waren von unserem Land begeistert und schlossen sogar enge Freundschaften. Deshalb sind auch die Wünsche der Gäste in diesem Bildband berücksichtigt worden. Ich wünsche mir, daß er Sie für die Schönheiten meines Heimatortes Neuzelle, des Naturparkes Schlaubetal, des Dorchetals, der Neuzeller Wiesenaue und der Umgebung begeistern kann und Sie anregt, selbst in diese Naturerlebnisse einzutauchen. In dieser hektischen Zeit benötigen wir dringend Muße, Stille und Andacht, aber auch Freude und Kraft, um unser seelisches Gleichgewicht wieder in Ordnung zu bringen. Neuzelle und die Umgebung geben Ihnen beides. Einmal sehen Sie die über 725 Jahre alte, aber neu restaurierte, mit Leben erfüllte Stiftskirche und ihren gesamten Klosterkomplex, und zum anderen erleben Sie unmittelbar die malerische Natur der Umgebung. Welch eine Freude und was für ein Glück, daß wir dieses Stück Erde mit einer so kontrastreichen Natur unsere Heimat nennen dürfen! Schauen Sie sich die Bilder in Ruhe an. Suchen Sie im Frühjahr die Anemonenwiesen, Himmelschlüssel oder die Adonisröschenhänge auf, lassen Sie sich vom Vogelgezwitscher, dem Trompetengesang der Kraniche bezaubern. Wandern Sie im Sommer durch das schattige, romantische Schlaubetal, genießen Sie das Farbenspiel der Heideblüte oder nehmen Sie im Herbst oder Winter an einer geführten Wanderung teil. Wenn Sie ein Naturspiel besonderer Güte erleben wollen, dann kommen Sie mit zum Sonnenaufgang an die Oder. Sie werden die schönen Tage hier in Neuzelle mit seiner Umgebung nicht vergessen. Wie schrieb doch eine Reisegruppe ins Reiseleiterbuch? »Nicht die vergangenen Tage sind das Leben, sondern die Tage, an die man sich erinnert.«

Es grüßt Sie mit der anschließenden Heimathymne von Gustav Büchsenschütz aus dem Jahr 1923
Ihr Hans-Joachim Schulze

Märkische Heide, märkischer Sand
sind des Märkers Freude, sind sein Heimatland.
Steige hoch, du roter Adler, hoch über Sumpf und Sand,
hoch über dunkle Kiefernwälder.
Heil dir, mein Brandenburger Land!

Uralte Eichen, dunkler Buchenhain,
grünende Birken steh'n am Wiesenrain.
Steige hoch, du roter Adler, hoch über Sumpf und Sand,
hoch über dunkle Kiefernwälder.
Heil dir, mein Brandenburger Land!

Bauern und Bürger vom märkischen Geschlecht
hielten stets zur Heimat in märkischer Treue fest.
Steige hoch, du roter Adler, hoch über Sumpf und Sand,
hoch über dunkle Kiefernwälder.
Heil dir, mein Brandenburger Land!

Hie Brandenburg allewege sei unser Losungswort,
der Heimat die Treue in allen Zeiten fort.
Steige hoch, du roter Adler, hoch über Sumpf und Sand,
hoch über dunkle Kiefernwälder.
Heil dir, mein Brandenburger Land!

Zum Geleit

Im Jahre 1921 schrieb Georg Friedrich seine »Neuzeller Klosterlieder«. Im Vorwort sagt er: »Ihr alle, die ihr in diesem stillen Klosterort weilet und euch an seiner Schönheit berauschet, träumt in Erinnerungen von den alten ehrwürdigen Stätten, in welchen der Atem der Vergangenheit weht, laßt auferstehen in eurer Seele den Zauber seiner Kirchen und Kapellen, seiner Gärten und Wälder, seiner schattigen Alleen mit dem geheimnisvollen Rauschen der Vorzeit, seines leuchtenden Klosterteiches, in dessen Wassern sich das mächtige Gotteshaus spiegelt.« Im Jahre 1929 finden sich im »Führer durch das ehemalige Zisterzienserkloster Neuzelle« die Grußworte des damaligen Landrats: »Wer einmal vom Priorsberg hinabgeschaut hat, weit, weit ins Land, über grüne Wiesen, in sonnendurchleuchtete Fernen, während vor ihm licht und beschwingt die Klosterkirche von Neuzelle aufsteigt, der vergißt dies nicht. Uns Menschen aber des armen Ostens mit seinen Kiefernwäldern voll leiser Schwermut, mit seinen oft so kargen Feldern ist Neuzelle und seine Umgebung - ich denke da ganz besonders an das buchenumstandene Schlaubetal - immer wieder eine Quelle tiefster Naturfreude, frohen Dankes, daß die sandige Mark uns solche Perlen zu bieten vermag.« Der Kalendermann des Bildkalenders »Neuzelle«, Hans-Joachim Schulze, fängt mit seinem Fotoapparat ein, was über den Zauber Neuzelles und seiner Umgebung gesagt ist. Er bannt Land und Leute in seine Bilder. Wir wünschen, daß viele den kleinen Bildband in die Hand nehmen. Sie sollen auf Neuzelle neugierig werden. Sie sollen sich anrühren lassen von der Vergangenheit und der Gegenwart, von den Mönchen, die Oede und Sumpf in blühendes Land wandelten, und von den Menschen heute, die das Erbe wahren.

Klaus Weyers
Pfarrer

Inhalt

Neuzelle

Neuzelle, ein in lieblicher Landschaft eingebetteter Ort, der bestimmt nicht zufällig 1268 durch den Markgrafen Heinrich den Erlauchten ausgesucht wurde, um hier das Zisterzienserkloster aufzubauen und es seiner verstorbenen Frau Agnes zu stiften.

»Ora et labora«, bete und arbeite, war der Leitspruch der Zisterziensermönche, welcher vom ersten Tage an in die Tat umgesetzt wurde. Sie schufen ein Beispiel, das weit über die Grenzen Brandenburgs hinaus bekannt wurde. Aber nicht nur Kirchenbau und Seelsorge waren ihre Aufgaben, sie schufen Gärten und Weinberge, sie bauten den Oderdamm von Fürstenberg bis Ratzdorf und legten Sümpfe trocken. Der von den Mönchen angelegte Klosterteich und der Rundgang mit den herrlichen Kastanien und Linden läßt Neuzelle fast als einen Kurort erscheinen.

Die Geschichte ist natürlich nicht an Neuzelle vorbeigegangen. So wurde das Kloster 1429 durch die Hussiten verwüstet und die Mönche verstümmelt. Wie durch ein Wunder blieb die damals gotische Hallenkirche erhalten. Der 30jährige Krieg und Brände zerstörten immer wieder das Kloster, doch der Wille und Glaube und die Kraft der Äbte und Mönche waren stärker. So schufen sie eine einmalige Stätte der Kultur und der Christenheit, die im 18. Jahrhundert durch die Barokkesierung der Kirche ihre Krönung fand. Trotzdem wurde das Kloster gegenüber allen Abmachungen 1817 durch die preußische Regierung aufgelöst. Seitdem ist die Klosteranlage als Bildungseinrichtung genutzt worden, obwohl die Ziele sehr verschieden waren. In den 20er Jahren war sie Lehrerseminar und Aufbauschule, in der Zeit von 1933 bis 1945 Nationalpolitische Erziehungsanstalt.

Wie durch ein zweites Wunder überstanden in Neuzelle beide Kirchen und das Kloster den II. Weltkrieg, obwohl 2 km entfernt die Oderfront lag, wo sich deutsche und russische Soldaten im Frühjahr 1945 heftige Kämpfe lieferten. Der 75 m hohe Glockenturm lag genau in der Schußlinie der russischen Truppen und diente als Beobachtungsturm der Wehrmacht. In den letzten Tagen des Krieges wurde die Kirche sogar noch vermint und sollte gesprengt werden. Unmittelbar nach Ende des II. Weltkrieges wurde im Kloster das sowjetische Marinelazarett eingerichtet. Später bekamen Hunderte von Kindergärtnerinnen aus allen Teilen des Landes in Neuzelle ihre Ausbildung. Jahrzehntelang beherbergten die Klostermauern ein Lehrerbildungsinstitut. Parallel dazu haben in Neuzelle bis 1997 katholische Priester studiert. Ehemalige Studenten finden gern den Weg hierher zurück, um zu schauen, was sich alles verändert hat.

Inzwischen hat Neuzelle 2055 Einwohner, von denen etwa 600 katholisch und 540 evangelisch sind. Neuzelle ist wieder ein Kulturzentrum geworden. Seit 1996 gibt es die »Stiftung Stift Neuzelle«. Sie hat die Aufgabe, die ehemalige Klosteranlage wieder herzustellen und Wissenschaft, Bildung und Kultur zu fördern. Die ersten Erfolge sind bereits zu verzeichnen. Wer hätte einmal zu träumen gewagt, Klosterkonzerte mit dem Poznaner Knabenchor, Bachkonzerte oder Kammersolisten der Deutschen Oper Berlin hier in Neuzelle erleben zu dürfen. Open-Air-Konzerte und Ausstellungen vielfältiger Art ergänzen das Programm. Für die Natur- und Kulturfreunde wird die größte barocke Gartenanlage Brandenburgs mit der Orangerie in alter Schönheit wieder entstehen. In den alten Klosteranlagen befindet sich jetzt das deutsch-polnische Gymnasium mit 530 deutschen und 60 polnischen Schülern. Besuchen Sie unseren Ort, so werden Sie am Eingang mit einem Begrüßungsschild empfangen.

Die Klosterkirche St. Marien mit dem hohen Glockenturm ist von allen Richtungen zu sehen und führt Sie praktisch bis zum Klosterteich und Brauhausplatz. Gehen Sie durch das ehrwürdige Klosterportal, das von 2 Platanen beschattet wird, bleiben Sie unbedingt stehen und schauen Sie zur Klosterkirche hinauf. Danach betreten Sie das Innere der Kirche. Nehmen Sie Platz im Kirchengestühl, auch wenn es

unbequem ist, denn es sind ja Gebetsbänke. Lassen Sie die Hektik der Zeit hinter sich und genießen Sie die besondere Atmosphäre. Sie werden so beeindruckt sein, daß Sie gar nicht wissen, was Sie zuerst betrachten sollen: die mit Stuckmarmor gestalteten Altäre, die Seiten- und Deckengemälde, die Innenräume der Josephskapelle oder die Sakristei im gotischen Stil, die Kanzel oder den Taufaltar. Zu empfehlen ist die Teilnahme an einer Kirchenführung, denn Sie erhalten hier viele interessante Informationen. Diese Kirche ist kein Museum, sondern Pfarrkirche einer lebendigen Gemeinde. Nach der Besichtigung der katholischen Kirche sollten Sie die Möglichkeit nutzen, sich den gotischen Kreuzgang anzuschauen. Wenn Sie etwas mehr über Neuzelle wissen möchten, dann suchen Sie doch die Touristeninformation direkt oder die kleine Buchhandlung Kanig „Unterm Tor" auf. Es lohnt sich bestimmt!

Neuzelle besitzt auch ein zweites Kleinod, die heutige evangelische Pfarrkirche zum Heiligen Kreuz. Vom Stiftsplatz 100 m entfernt erscheint sie ebenfalls in barocker Pracht. Die fahrbare Kanzel ist einmalig.

Am Klosterteich gelegen, in unmittelbarer Nähe zum ehemaligen Zisterzienserkloster, braut die Klosterbrauerei von Neuzelle nachweislich seit 1589 Bier. Das handwerkliche Brauen gehört auch heute noch in den Produktionsprozess der Neuzeller Bierspezialitäten. Besonders ist auf die Schrotmühle

von 1923, das gesamte manuelle Brauverfahren und die offene Gärung hinzuweisen. Dies alles läßt das über die Grenzen Brandenburgs hinaus bekannte wohlschmeckende Schwarzbierprodukt »Schwarzer Abt« entstehen, das auch heute noch nach einem alten wohlbehüteten Rezept gebraut wird. Als besondere Spezialität erfreut sich das »Original Badebier Neuzeller Kloster-Bräu«, sowohl als Trink- wie auch als Badebier wachsender Beliebtheit. In Neuzelle selbst besteht die Möglichkeit des Bierbadens oder man erhält durch den Paketversand der Klosterbrauerei Neuzelle GmbH auch alle Bierspezialitäten direkt nach Hause. Nutzen Sie die Gelegenheit, sich durch das denkmalgeschützte Gebäude der historischen Brauerei führen zu lassen. Anschließend können Sie in gemütlicher Runde bei einer Verkostung einige Bierspezialitäten probieren. Selbstverständlich gehört dazu das schmackhafte Treberbrot mit zünftigem Schmalzaufstrich. Eine besondere Überraschung bietet Ihnen das interessante Angebot des Klosterladens, wo Sie bestimmt ein Souvenir finden werden. Das nach einem Mönch benannte Bibulibusfest am Himmelfahrtstag ist ein wahres Volksfest.

Zum Besuch Neuzelles gehört auch ein Spaziergang um den Klosterteich mit seiner Insel. Von Privatpersonen gespendete und vom Heimatkreis aufgestellte Bänke laden zum Verweilen ein. Dieser Rundgang von etwa 15 Minuten hat zu jeder Jahreszeit seine Reize. Enten, auch Schwäne, Frösche und Karpfen tummeln sich im Wasser. Blutweiderich und Sumpfschwertlilien blühen am Ufer. Gelbe Teichrosen bedekken die Oberfläche. Die alljährliche Fronleichnamsprozession fin det um den Teich ihren Höhepunkt.

Wenn Sie Glück haben, sehen Sie den scheuen Graureiher bewegungslos wie ein Denkmal auf einem Ast stehen, oder der Eisvogel schwirrt über den Teich. Den schönsten Blick auf die Klosterkirche haben Sie auf der Westseite des Rundweges vom Wehr bis zur Insel. Auch bei Dunkelheit spiegelt sich im Lichte der Laternen die Klosterkirche im Wasser. Im Winter bei klirrendem Frost wird er zum Erlebnis für die Schlittschuhläufer. Wenn Sie in unserem Ort gemütlich unmittelbar am Klosterteich speisen wollen, stehen Ihnen die »Klosterklause« mit der Veranda und das »Prinz-Albrecht-Hotel« mit

der Terrasse zur Verfügung. Von beiden Gaststätten haben Sie den Blick auf den schönen Klosterteich. Nur etwa 5 Minuten entfernt werden Sie im »Cafe Wauer« in der Kirchstraße, beim »Zum Zickenzeller« oder im »Schützenhaus« in der Bahnhofstraße verwöhnt.

Neuzelle verfügt auch über eine neuerbaute Sporthalle und ein Freibad mit traditionell gutem Ruf. Beide Anlagen liegen ideal, denn neben dem Freibad befindet sich das Landschaftsschutzgebiet, der Neuzeller Fasanenwald, ein Schmuckstück schon zu Klosters Zeiten, wo Sie nach Herzenslust durch einen schönen Mischwald wandern können. Nach etwa einer Stunde Wanderung über kleine Hügel erreichen Sie den Sonnenberg und erleben eine herrliche Aussicht über die weite Oderaue von Wellmitz bis Fürstenberg. Im Frühjahr begrüßen Sie hier blühende Anemonen, Himmelschlüssel und Veilchen. Ist Ihnen dieser Weg zu anstrengend, dann begeben Sie sich zum Barockpark, unmittelbar hinter der Klosterkirche, und erfreuen sich an der Spiegelung der evangelischen Kreuzkirche im Wasser des Teiches.

Den schönsten Blick über den gesamten Klosterkomplex und Ort haben Sie von einem Aussichtsplateau, dem »Kulisch Berg«. Der Panoramablick entschädigt für den 10 Minuten langen Höhenweg, also Fotoapparat nicht vergessen. Mit viel Mühe und Liebe haben hier die Naturfreunde des BUND mit Unterstützung der ABM-Kräfte einen Rastplatz geschaffen, wo Wanderer Ruhe und Erholung finden. »Kulisch Berg« erreichen Sie über die Waldstraße oder die Bergstraße. Letztere beginnt gegenüber der Gaststätte »Zickenkeller« in der Bahnhofstraße. Sie können auch den Weg über den Priorsberg nehmen, der gegenüber dem Amtsgebäude, vor dem Klosterteich, liegt.

Neuzelle umfaßt mehr als nur den Ort selbst. Erst wenn Sie in alle vier Himmelsrichtungen wandern, wird Ihnen die ganze Schönheit dieses Ortes und Landstriches zu allen Jahreszeiten bewußt.

Wandern Sie etwa 2 km nach Osten in Richtung Oder, haben Sie eine Wiesenlandschaft mit kilometerlangem Weitblick vor sich. Knorrige Kopfweiden winken Sie heran. Wenn Sie vom Damm aus auf die Oder schauen, liegt vor Ihnen - einmalig in Deutschland - eine wild und urwüchsig anmutende Uferzone.

Wandern Sie in südlicher Richtung der Dorche nach, so erleben Sie ein ruhiges, liebliches Tal, in dem Sie kaum einem Menschen begegnen. Es beginnt mit dem Ortsteil Kummro und entzückt im Frühling durch die Baumblüte, später durch blühende Orchideenwiesen, Seen und märchenhafte Wälder.

Fahren Sie westwärts etwa 15 km weiter, dann sind Sie im schönsten Bachtal Brandenburgs, im malerischen Schlaubetal. Hier finden Sie alles, was Sie sich als Naturfreund wünschen. Wälder, Wiesen, Täler und Höhen, Seen, Teiche, Moore und Heide. Durch den 1995 geschaffenen »Naturpark Schlaubetal/Gubener Heide« wird gewährleistet, daß diese einmalige Schönheit des Landes Brandenburg mit ihrem Reichtum an Pflanzen und Tieren erhalten bleibt.

Auch in nördliche Richtung lohnt es sich, abseits der Waldstraße durch Kiefern- und Eichenwälder ein paar Kilometer zu laufen. Besuchen Sie doch mal den kleinen verträumten Ort Lawitz mit dem Storchennest und der alten Schmiede, wo Sie (nach Anmeldung) Ihr Pferd beschlagen lassen können.

Ziegenhüter mit ihren Ziegen auf dem Weg vom Slawengrund zu den Oderwiesen von Neuzelle vor 50 Jahren. Überlebenschance der kleinen Leute während und nach dem Krieg.

Fronleichnamsprozession vor etwa 50 Jahren

Der Schutz der Natur ist die größte Verpflichtung, die wir von Gott bekommen haben.

Blick zum Amtsgebäude und zur Dreifaltigkeitskapelle, auch schiefe Kapelle genannt.

Fronleichnamsprozession am zweiten Sonntag nach Pfingsten

Der Klosterladen mit vielen Überraschungen.

Wohl bekomm's bei der Verkostung.

Das Sudhaus

Das traditionelle Bibulibusfest

Christus-Säule

Im Jahr 1429 verwüsteten die Hussiten das Kloster Neuzelle und verstümmelten alle Mönche. Anläßlich dieser fürchterlichen Tat wurden zur Erinnerung die Christus-Säule und die Dreifaltigkeitskapelle errichtet.

Klosterklause mit der einladenden Veranda.

Kulturelles Leben auf dem altehrwürdigen Stiftsplatz

Klosterportal

Blick auf die Klosterkirche vom Stiftsplatz

Osterausstellung im Kreuzgang

Innenraum der Klosterkirche
mit Taufstein und Marienaltar

Gesamtansicht auf die evangelische Kirche, Weinberg oder Scheibe, Schwimmbad und Fasanenwald

Evangelische Kirche mit der berühmten fahrbaren Kanzel

Blick vom Klostergarten auf beide Kirchen

Klosterkomplex vom Aussichtspunkt Kulisch Berg

Auf Kulisch Berg sind Maikäfer, Ringeltaube und Igel zu Hause.

Das 1998 neu gestaltete Freibad Neuzelle am Fasanenwald.

Fasziniert davon, den Mond zu erreichen, vergessen die Menschen, die Blumen auf der Erde zu betrachten.
Albert Schweitzer

Himmelschlüssel, Veilchen und Anemonen als Kostbarkeiten des Fasanenwaldes.

Pflege der Tradition …

Schützengilde Neuzelle e.V.

Gesangsverein »Maienlust«

Und die Patengemeinde Langenberg ist auch dabei.

Das rekonstruierte Strohhaus

Blick vom Klosterteich auf das »Prinz-Albrecht-Hotel« mit Klosterbrennerei und »Florianstift«

Ein geglückter Urlaub besteht aus lauter Kleinigkeiten.
Jennifer Ward

Wenn unser Leben sich neigt, so sollen wir sein wie die Bäume des Herbstes, voll reifer Früchte.
J. H. Pestalozzi

Herbstidyll am Klosterteich

**Leuchtende Tage – weine nicht,
daß sie vorüber, sondern lächle,
daß sie gewesen.**
Immanuel Kant

Am Klosterteich

Im Klostergarten

Stille und Trubel im ständigen Wechsel am Klosterteich

Winter ade…

Die Dompfaffen kündigen den Frühling an.

Gönne dir einen Augenblick der Ruhe, und du begreifst, wie närrisch du herumgehastet bist. Lerne zu schweigen, und du merkst, dass du zuviel geredet hast. Sei gütig und du siehst ein, dass dein Urteil über andere allzu hart war.

Chinesisches Sprichwort

Friedhof hinter der evangelischen Kirche mit dem Gedenkstein für die letzten Mönche in Neuzelle

Der traditionelle Weihnachtsmarkt auf dem Klostergelände.

Schenken heißt, einem anderen das geben, was man selber gern behalten möchte.
F. Lagerhöf

Die Chöre von Neuzelle beim gemeinsamen Weihnachtssingen im Refektorium.

Den Mitmenschen Freude zu machen, ist doch das Beste, was man auf der Welt tun kann.
Peter Rosegger

Um das Fest der Heiligen Drei Könige singen die Sternsänger für die Armen der Welt.

Das Kloster –
immer wieder eine Augenweide.

Helfen Sie mit, daß die Vögel
über den Winter kommen.

Morgenstimmung

Ohne die Nacht wüßten wir nichts von der Sternenwelt.
Sprichwort

In einer festlichen Abendstimmung verlassen wir Neuzelle.

Das Dorchetal

Wenn Sie vom Bahnhof Neuzelle in Richtung Klosterkirche, zur Brauerei oder zum Freibad unterwegs sind, werden Sie kaum bemerken, daß Sie ein Flüßchen passiert haben. Neuzelle liegt an der Dorche. Sie fl eßt mitten durch den Ort, neben der Fleischerei »Baum«, vor dem Amtsgebäude und sogar unterhalb der Hauptstraße. Die Mönche haben diesen Bach genutzt und an seinem Lauf den Klosterteich sinnvoll angelegt, denn Fische waren ihr Hauptnahrungsmittel. Die Quelle der Dorche liegt nordwestlich von Bomsdorf. Das Flüßchen verliert sich in den Odergräben. Das Dorchetal selbst ist noch ein Geheimtipp, aber so schön, daß es in naher Zukunft für den Tourismus um Neuzelle, Schwerzko und Bomsdorf eine große Rolle spielen wird.

Mein Tipp: Das 7 km lange Tal der Dorche können Sie vom Klosterteich beginnend durchwandern. Es ist so lieblich und auch abwechslungsreich, daß Kenner, die das Wandern lieben und gern die Ruhe genießen, immer wiederkommen. Die Täler und plötzlich ansteigende Höhen zeigen, daß hier die Eiszeit gewirkt hat. Nicht umsonst gehört dieses Landschaftsschutzgebiet zum Naturpark Schlaubetal. Besonders im Frühjahr, wenn die Apfelbäume in voller Blüte stehen und die gelben Sumpfdotterblumen die Ufer des Baches säumen, ist dieses Tal schön. Auf der alten, fast eingewachsenen »Liebesbank« können Sie sich an diesem Anblick erfreuen. Wollen Sie einen Zwischenstopp einlegen, dann sind Sie im »Kummerower Hof« richtig. Hier können Sie nicht nur gut speisen, sondern ein einzigartiges entspannendes Bierbad im Gewölbe genießen. Früher hatte dieses Dorchetal sechs Mühlen. In der Schwerzkoer Mühle klappert wieder das Mühlrad, und ein Mühlenmuseum wird Sie erfreuen. Zu dem kleinen Ort Schwerzko gehört ein Stausee. Ein gepflegter Wanderweg umschließt ihn, aufgestellte Hütten schützen vor Regen. Tausende Veilchen, Anemonen und Orchideen begrüßen Sie. In einer weiteren Stunde sind Sie am Kantopp, einem Gewässer, das verträumt mitten im Wald liegt, einem idyllischen Plätzchen mit Grillmöglichkeiten, an dem auch gern Kremser halten. Hier lohnt es sich zu verweilen und den Blick auf den See zu genießen. Zuletzt erreichen Sie den Gallensee, ein Gewässer des Sportfischervereins »Barsch« Neuzelle e.V. Mit Hochachtung können wir sagen, daß hier Ordnung und Sauberkeit auf jedem Schritt und Tritt spürbar sind. Deshalb wollen wir die Angler nicht stören. Na dann, »Petri Heil«! Wenn Sie weiter wandern möchten, dann sind Sie nach etwa 1/2 Stunde im Rundlingsdorf Bomsdorf, wo Sie ein sehenswertes Schlößchen von 1850 mit einem wunderschönen gepflegten Park besichtigen können.

Wanderst du, brauche nicht nur deine Füße, sondern auch Augen, Kopf und Herz.
Alter Spruch

Breitblättriges Knabenkraut

In den Wiesen des Dorchetals begegnet uns die Sumpfdotterblume.

Die Schwerzkoer Mühle, eine der letzten Mühlen des Tales mit Mühlenmuseum.

Die Schwäne sind natürlich auch wieder da.

Während die einen es lieben, im Sommer eine Kremserfahrt zum »Kantopp« zu machen, erfreuen sich die anderen beim Angeln am Gallensee oder am Schwerzkoer Teich.

Der Weg von Schwerzko führt uns über die
wunderschöne Birkenallee
übers Dorchetal nach Neuzelle zurück.

Das duftende Lupinenfeld im Sommer.

Erntefest in Kummro

Man muß die Arbeit so einrichten, daß sie die Menschen beglückt. Die heutigen Menschen glauben, daß man die Arbeit so einrichten müsse, daß sie möglichst viel Erfolg abwerfe.
Georg Christoph Lichtenberg

Neuzeller Wiesenaue

Fahren Sie mit dem Zug von Eisenhüttenstadt über Neuzelle nach Wellmitz, dann entdecken Sie in Richtung Osten eine breite Wiesenlandschaft, die Neuzeller Wiesenaue. Am Horizont erkennen Sie einen Streifen Wald, als würde dieser die Oder abschirmen, den östlichsten Strom Deutschlands und Grenzstrom zu Polen. Das Eichwäldchen war während des II. Weltkrieges vermint und forderte auch nach dem Krieg noch einige Opfer. Inzwischen ist die Ruhe der Natur zurückgekehrt. Die Oderwiesen mit dem großen Niedermoorvorkommen sind ein Paradies für die Vogelwelt geworden. Dachs, Marderhund und Biber haben die Landschaft erobert. Rehe und Füchse sind hier zu Hause. Die saftigen Wiesen gleichen im Frühjahr einem bunten Teppich. Greifvögel beherrschen die Lüfte. Brachvogel, Wiesenweihe, Sumpfschildkröte sowie Braunkehlchen sind selten geworden und mahnen uns, mit der Natur sensibel und mit Achtung umzugehen. Im Winter können Sie hier den reizvollen Zug der Wildgänse und Singschwäne beobachten.

Mein Tipp: Die Oder ist am besten mit dem Fahrrad oder zu Fuß von Neuzelle aus zu erreichen. Sie gehen an der Sporthalle vorbei links in Richtung Osten über die Bahnstrecke. Ein Plattenweg führt an einer Gartenkolonie vorbei und dann etwa 2 km zur Oder. Schauen Sie sich hier öfter um, denn der Rückblick zum Ort Neuzelle mit den beiden Kirchen und dem Lieberoser Höhenzug ist sehr schön. Im Frühling erleben Sie ein Vogelkonzert, denn die Kiebitze und Lerchen stecken ihre

Reviere ab. Der bunte Fasan huscht vorbei, der Storch stelzt auf den Wiesen umher und sucht Material, um sein Nest zu erneuern. Am Oderdamm angekommen, haben Sie die Wahl, nach dem Ortsteil Fürstenberg zur Kanalbrücke oder nach Ratzdorf zu wandern. Wenn Sie in Richtung Norden nach Fürstenberg/Kanalbrücke Oder-Spree 6 km radeln oder laufen, dann hängen Sie noch 1 oder 2 km ran. Es lohnt sich, den Blick auf den Fischerkiez östlich des Kanals aufzunehmen oder auch westlich Richtung Schleuse zu wandern. Blässhühner, Enten und Schwäne lenken den Blick auf sich. Doch vorher macht eine Reiherkolonie auf sich aufmerksam. Und gegenüber, in der Kleingartenkolonie, mitten im Grünen, können Sie sich in der Gaststätte »Fasaneneck« stärken. Radeln Sie südlich 5 km in Richtung Ratzdorf, werden Sie anfangs auf der rechten Seite vom Birkenwäldchen begrüßt. Danach öffnet sich die reizvolle Landschaft auf beiden Seiten. Schauen Sie ab und zu mal rückwärts, die Neuzeller Klosterkirche sieht Ihnen nach. Nehmen Sie sich die Zeit und gehen auf den Oderdamm. Von dort haben Sie einen Blick auf die Oderlöcher und Oder bis nach Polen, hier dürfen Sie nicht hasten. Der Lauf des ruhigen Stromes, das Grün der wilden Landschaft, das Vorbeiziehen, ja fast Gleiten der Oderkähne, und das Weiden der Kühe auf beiden Seiten verleihen Ruhe und Stille und sind gut für unsere Seele. Das ist Ostbrandenburg pur. In Ratzdorf angekommen, wartet in der Saison bei der Gaststätte »Oderblick« alle 14 Tage die Gulaschkanone mit Erbseneintopf oder Kesselgulasch auf Sie.

Hier haben Sie eine herrliche Aussicht auf den Oderstrom und das jenseits gelegene Polen. Vergessen Sie auf keinen Fall das Fernglas!

Ein Erlebnis besonderer Art ist eine Dampferfahrt mit der »MS Fürstenberg« von und nach Ratzdorf, bei der Sie so richtig die naturbelassene Landschaft genießen können.

Selbstverständlich können Sie auch mit dem Auto über Wellmitz nach Ratzdorf fahren und beginnen dann Ihre Spaziergänge. Kommen Sie zu Ostern mit Ihrer Familie hierher. Während die einen ein Kännchen Kaffee trinken, verstecken

die anderen die Ostereier. Wenn Sie Glück haben, sehen Sie gratis den Osterhasen in der Natur. Die Osterüberraschung ist perfekt!

Ratzdorf ist ein alter Schifferort mit 330 Einwohnern. Es liegt in einer reizvollen Landschaft. Hier fließt die Lausitzer Neiße in die Oder, deshalb Oder-Neiße-Grenze. 1997 wurde der Ort durch die dort besonders heftig auftretende Oderflut bekannt. Zur Zeit wird ein modernes Europäisches Begegnungszentrum errichtet, das der Wiedervereinigung Deutschlands und dem Zusammenleben der Völker in Ost und West dienen soll. Ein Urlaubs- und Ferienzentrum, verbunden mit Bildung, Gaststättenbetrieb und Werftmuseum werden den Tourismus in der Region fördern. Für Natur- und Wanderfreunde lohnt sich ein Besuch zu jeder Zeit.

Von Ratzdorf können Sie ober- und unterhalb des Oderdamms nach Neuzelle zurück wandern. Sind Sie ein Pferdeliebhaber, dann lohnt es sich, den 700jährigen Ort Wellmitz aufzusuchen. Hier ist der Reitsport zu Hause und Sie können beim Pferdehof »Sturm« eine Reitstunde nehmen oder auch von seinen vielen Angeboten für Reiter Gebrauch machen. Und wenn Sie es vorziehen, mit einer Kutsche oder einem Planwagen nach Neuzelle zurückzufahren, kein Problem, auch dies ist möglich.

Rehbock im Revier

Störche beim Nestbau – ob das wohl gut geht?

Die AG »Natur« der Schule Neuzelle mit dem B.U.N.D. beim Aufstellen von Sitzkrücken für Greifvögel

Eine Blume, die sich erschließt, macht keinen Lärm dabei.
W. Rabe

Heckenrosen erfreuen uns bei der Juniwanderung

Die Oderlöcher – Paradies für Frösche, Libellen und Schmetterlinge

Fuchs, Bläßhuhn, Fasan und Bussard beobachten wir bei unserem Spaziergang

Schäfer mit seiner Herde auf dem Oderdamm

Laßt uns nie vergessen, daß die Pflege der Erde die wichtigste Arbeit der Menschen ist.
Daniel Webster

Frühling an der Oder

Schaf- oder auch Wiesenstelze genannt

Der stark gefährdete Große Brachvogel

Beutelmeise an ihrem Kunstbau

Die Oder, Grenzfluß zu Polen

Ein paar Meter davor: Blutweiderich in der Blüte.

Schwanenblume

Und die Ringelnatter ist auch wieder da.

Blick zur polnischen Seite

Eine Dampferfahrt mit der MS »Fürstenberg« ist immer ein Erlebnis. Hier die Anlegestelle in Ratzdorf.

Die meisten Menschen wissen gar nicht, wie schön die Welt ist und wieviel Pracht in den kleinsten Dingen sich offenbart.
Rainer Maria Rilke

Ein Abstecher zu den Adonisröschen, eine Einmaligkeit an den Oderhängen

Wir freuen uns über die Pracht des Mohnfeldes.

Hier sind Sie an der östlichsten Stelle Deutschlands, wo die Sonne zuerst aufgeht!

Was hilft der Sonnenaufgang,
wenn wir nicht aufstehen.
Georg Christoph Lichtenberg

Oderlandschaft im Winter

Der Mink, Räuber in Feld, Wasser und Wald.

Die Schwäne, aber auch die Kähne ziehen.

Treibeis auf der Oder bei Fürstenberg. Im Hintergrund die 1945 gesprengte Brücke.

Die Seele nährt sich von dem, woran sie sich erfreut.
Augustinus

Der Weidenweg im Vorfrühling.

Die Oderflut 1997 bei Ratzdorf:
Das Pegelhaus vor und während der Flut.

Ost und West packen gemeinsam an –
Ratzdorf wurde gerettet.

Im 700jährigen Reiterdorf Wellmitz sind auch die Störche zu Hause.

Unser seltenes Braunkehlchen –
wird es uns hoffentlich auch im
nächsten Jahr erfreuen?

Abschied von der Oder

Schön ist eigentlich alles,
was man mit Liebe betrachtet.
Augustinus

Der Naturpark Schlaubetal

Zirka 10 km westlich von Neuzelle beginnt mit der Roteichenallee hinter Treppeln das Landschaftsschutzgebiet Schlaubetal. Es ist ein Herzstück des Naturparkes Schlaubetal. Mit einer Größe von 227 Quadratkilometern Fläche birgt es für Sie als Naturliebhaber und Wanderer alles, was Sie sich wünschen. Die dünne Besiedelung des Raumes mit nur 21 kleinen Dörfern und der Kleinstadt Müllrose sorgt für Ruhe und garantiert noch eine intakte Natur.

Schon 1905 entdeckten Berliner das Schlaubetal als Erholungsgebiet. Auch der DDR-Führung blieb das Schlaubetal mit der sauberen Luft, dem klaren Wasser und dem herrlichen Wald nicht verborgen. Ehemalige Förstereien und Hotels wurden als Gästehäuser des Ministerrates umfunktioniert. Der Wald wurde Staatsjagdgebiet. Heute haben Sie das Glück, die wunderschönen Laubwälder, die verlandenden Seen mit Erlenbruchwäldern, die Rinnenseen, die von den Mönchen angelegten Fischteiche, die tiefen Schluchten, die Moore, die Wanderwege und die neuen Lehrpfade mit Ausblick auf grüne Wiesen und den sich schlängelnden Bach der Schlaube zu bewundern. Viele Schmetterlinge werden Sie entzücken, denn 700 Arten leben hier im Naturpark. Orchideen, Farne und Kräuterpflanzen schmücken Wiesen und Wälder. Die Sammler schätzen die Blaubeeren und die Preiselbeeren. 150 Vogelarten erfreuen uns im ganzen Jahr. Im Sommer locken die schattigen Wege zum Wandern, zahlreiche Seen laden zum Baden ein. Im Herbst sind stets zwei Jägergruppen anzutreffen. Die einen jagen dem strotzenden Wild und die anderen den Steinpilzen nach. Damit alles im Sinne der Natur abläuft, sind unsere Förster, Wanderleiter und Naturwächter gern bereit, Führungen für Gästegruppen zu übernehmen.

Mein Tipp: Fahren Sie von Neuzelle zwischen Kirsch- und Birkenalleen in Richtung des gepflegten Dörfchens Möbiskruge. Dort können Sie das Bauernmuseum und die schöne, aus Feldsteinen erbaute Dorfkirche besuchen. Wenn Sie Glück haben, können Sie sogar ein Orgel- oder Chorkonzert erleben. Danach fahren Sie weiter nach Kobbeln. Die Straße steigt leicht an. Große Berge gibt es hier nicht, aber dafür Steine über Steine. Ein Hinweisschild zeigt Ihnen den Weg zu dem größten, von der Eiszeit hinterlassenen Findling, dem »Kobbelner Stein«. Schmucke neue Häuser begrüßen Sie auf der kurzen Wegstrecke dorthin. Dann ragt er aus der Tiefe heraus, der Stein mit 7,1 m Länge, 4,25 m Höhe und 5,25 m Breite. 300 Tonnen soll er wiegen. Die Menschen dieser Landschaft pflegen diese Stätte und feiern auch ihr Steinfest.

Nur ein paar 100 Meter weiter beginnen Teiche, Seen und Schluchten, wo Muffelwild, Rehe und auch Hirsche zu Hause sind.

Wenn Sie zum nächsten Ort weiterfahren, stutzen Sie sicher über die Ortsnamen: erst Kobbeln, jetzt Treppeln. Sie sind sorbischen Ursprungs. Falls Sie noch eine kleine Pause einlegen wollen, dann sind Sie bei »Köhlers Gasthof« richtig. Der malerisch etwa 400 m entfernte Treppelner See lädt zum Spaziergang oder zum Baden ein. Von Treppeln geht es weiter durch die schon erwähnte Roteichenallee in Richtung »Waldseehotel Wirchensee«. Auf dem Weg dorthin erkennen Sie auf der rechten Seite den neu erbauten Radweg, der den Radlern schon jetzt besondere Freude bereitet. Ein Schild führt Sie von der oberen Parkstelle direkt zum Parkplatz des Hotels. Hier ist die Ruhe zu Hause, hier werden Sie lukullisch verwöhnt und können gemütlich im Klosterkeller oder im Sommer auf der Terrasse mit dem Blick auf den Wirchensee unter schattigen Bäumen verweilen. Oder wollen Sie Kahn fahren oder baden? Auch das ist saisonbedingt für Hausgäste möglich. Am Hotel beginnt der fast 4 km lange Naturlehrpfad um den 17 m tiefen Wirchensee. Nehmen Sie doch einfach mal an einer geführten, etwa 1 $^{1}/_{2}$-stündigen Lehrpfad- oder Pilzwanderung teil, wobei Sie das Quellgebiet der Schlaube, viele Geheimnisse der Natur und die Aussicht vom »Försterblick« kennenlernen werden. Sogar ein »Naturschutz-

zertifikat Wirchensee« kann erworben werden. In der Nähe des Hotels befindet sich die Naturparkverwaltung »Wirchensee«, wo erfahrene Naturschützer wirken. Naturschutz, Forstwirtschaft, Fischerei, Landschaftspflegeverband, Touristik und Kommune ziehen hier gemeinsam an einem Strang.

Überqueren Sie die Hauptstraße, so stehen Sie vor dem Informationszentrum des BUND (ehemalige Schlaubemühle). Hier können Sie Natur- und Wanderausstellungen jeglicher Art besuchen oder an dem jährlich im Mai stattfindenden traditionellen Mühlenfest teilnehmen. Dort beginnt, aus dem Wirchensee kommend, der Bachlauf der Schlaube, die in den Wirchenwiesen entspringt. Nach einstündigem Waldspaziergang von 3,5 km an der Schlaube entlang, durch einen zauberhaften Mischwald, vorbei an den Karpfenteichen, erreichen Sie die Kieselwitzer Mühle, eine traditionsreiche Forellenanlage, die Sie in einer Gruppe besuchen sollten, um an einer Führung des Fischermeisters teilzunehmen. Selbstverständlich können Sie sich hier auch eine schmackhafte, geräucherte Forelle aussuchen und bei Vorbestellung einen kleinen Imbiß einnehmen. Von der Kieselwitzer Mühle führt ein Weg zum und um den Ziskensee, ein versteckter See, an dessen Ufern man Wollgras, Sumpfporst, Moosbeere, Sumpfcalla und Sonnentau bewundern kann. Irgendwo auf einem Altbaum versteckt, brütet sogar der Seeadler. Begeisterte Wanderfreunde laufen von der Kieselwitzer Mühle 4 km entlang der Schlaube durch herrliche Schluchten zur Bremsdorfer Mühle, einem Fachwerkbau mit Mühlrad. Hier können Sie sich stärken. Neben der Mühle steht die Jugendherberge für Sie offen, wo Sie (mit Anmeldung) zu jeder Jahreszeit übernachten können und auch verpflegt werden. Das kinder- und jugendfreundliche Personal sorgt für viel Abwechslung, das Wandern steht dabei im Mittelpunkt. Vom Mühlrad aus einige Schritte weiter, führt eine Treppe über einen Hang zum Kleinen Treppelsee. Im Frühjahr blühen hier die Leberblümchen und Anemonen. Ein Spaziergang um den See oder auch zum Jacobsee lohnt sich immer. Überqueren Sie die B 246 zur anderen Seite, dann erreichen Sie den Zeltplatz des Großen Treppelsees. Vom Parkplatz aus wandern Sie 4,5 km an verträumten Seen entlang durch herrliche Buchen- und Mischwälder in Richtung Forsthaus »Siehdichum«. Der Name sagt alles! Dieses Jagdhaus wurde für Abt Gabriel vom Kloster Neuzelle oberhalb des Hammersees im Jahre 1775 erbaut. Heute können Sie hier abseits von Trubel und Verkehr übernachten, gut speisen, nach allen Himmelsrichtungen wandern oder im Herbst Pilze suchen. 3,5 km geht es weiter an urigen Seen, Pflanzeninseln und alten Lebensbäumen vorbei zur Gaststätte »Kupferhammer«, wo Sie nach so einer schönen Wanderung einkehren sollten.

Durch ein stilles Wiesental kommen Sie vorbei an der Ragower Mühle, wo friedlich Pferde weiden und Gänse schnattern. Spätestens hier spüren Sie, wie abwechslungsreich und schön unser Schlaubetal ist. Nun noch 9 km und Sie sind in Müllrose. Müllrose ist ein Ort mit 3000 Einwohnern und hat seit 1260 das Stadtrecht. Der »Große Müllroser See« bildet das nördlichste Tor zum Schlaubetal. Im »Haus des Gastes« am Markt sind die Stadtbibliothek, die Schlaubeinformation und das Heimatmuseum untergebracht. Ein Besuch lohnt sich immer. Ein paar Meter entfernt befindet sich eine barocke Pfarrkirche von 1746. Müllrose besitzt die älteste, noch produzierende Mühle im Schlaubetal. Ein romantischer Spaziergang über 2,5 km führt an der gepflegten Seeallee vorbei zum Hotel »Kaisermühle«, wo Sie sogar die Herstellung der heimatlichen Keramik in der Töpferei miterleben können.

Diese Gesamtstrecke von 25 bis 30 km werden bestimmt nur aktive Wanderer auf einmal zurücklegen. Und das ist gut so. Sie sollen und wollen das Schlaubetal in Ruhe genießen. Deshalb beginnen viele Gäste mit der Quelle der Schlaube am Waldseehotel Wirchensee, andere entscheiden sich für die goldene Mitte ab Forsthaus Siehdichum und weitere Gäste wandern ab Müllrose.

Wer die Seewanderung oder 30 m tiefe Schluchten liebt, wählt die Bremsdorfer Mühle oder die Jugendherberge als Ausgangspunkt.

Ganz gleich, welche Teilwanderung Sie unternehmen, es wird immer ein Naturerlebnis und eine Erinnerung besonderer Art sein.

Falls Sie Kinder mitbringen, denken Sie daran: Je früher man die Natur kennen lernt, desto schöner und reicher wird das Leben. In diesem Sinne freuen wir uns auf Ihren Besuch.

Seinen Weg gehen ist alles. Aber man sollte den Blick nicht verlieren für die Landschaft, durch die er führt.
Raoul Auernheimer

Alleen – Wahrzeichen des Landes Brandenburg. Auf dem Weg von Neuzelle nach Möbiskruge: Anfangs eine Kirschallee, später eine Birkenallee.

Natur und Gott sind zwei Größen, die sich vollkommen gleich sind.
Friedrich von Schiller

Die spätgotische Wehrkirche in Möbiskruge

Bauernmuseum Möbiskruge –
ein lohnendes Touristenziel

Mit den Menschen ist es wie mit den Blumen, sie brauchen nicht nur Wasser sondern auch Sonne.
Julius Langbein

Die Kobbelke – ein natürlicher Klarwassersee mit vielen kleinen Kostbarkeiten in der Uferzone.

Der Kobbelner Stein ist der größte Findling aus der Eiszeit in der Region. Die Rentner aus Diehlo messen den Umfang nach und fahren wieder per Kremser zurück.

Bäume sind Meister der Geduld: Sie bieten Schatten und liefern Obst, und Vögel nisten in ihren Zweigen. Und lehren sie uns nicht jedes Jahr, aufs neue mit frischem Mut wieder anzufangen?

Dom Helder Camera

Der rote Fingerhut, unweit der schönen Allee

Roteichenallee weist den Weg ins Schlaubetal

Geführte Wanderung um den Wirchensee oder eine lustige Kremserfahrt?

Ein Haus ohne Geselligkeit ist wie eine Blume ohne Duft.

S. v. Radecki

Gäste aus nah und fern finden Ruhe und Erholung im »Waldseehotel Wirchensee«.

»Wirchi« als Maskottchen des Waldseehotels

Stubbenloch, im Volksmund auch Seerosenteich genannt

**Du entbehrst wenig,
wenn du dir offene Augen
bewahrst für die zarten
Aufmerksamkeiten des Lebens.**
Spruch

*Die Eichhörnchen erfreuen uns
auch im Schlaubetal.*

Der Eisvogel – das Juwel im Schlaubetal

Der Eisvogel gräbt an steiler Uferböschung seine Bruthöhle bis zu 1 m. Strenge Winter können 90 Prozent des Bestandes vernichten. Sein Vorkommen zeigt, daß die Schlaube noch ein sauberer Bach und die Natur in Ordnung ist.

Bachverlauf im Buchenwald

Die jungen Waldkäuze sind bald flügge.

Im hohen Farnkraut sucht das Rehkitz seine Deckung.

Frischlinge unterwegs. Vorsicht, die Bache könnte in der Nähe sein!

Marderhund mit seinen Jungen vor dem Bau.

Der Ausflug der jungen Füchse in den ersten Tagen.

Der Möschensee, wo auch die Ölse ihren Ursprung hat.

In den Teichen bei der Kieselwitzer Mühle werden in alter Tradition Forellen gezüchtet.

Während der Haubentaucher brütet, ist die Schellente mit den Jungen schon unterwegs.

Die alte malerische Bremsdorfer Mühle und die Jugendherberge, beides Anziehungspunkte für Ausflügler und Erholungssuchende sowie Jugendgruppen

Der Oberförster i. R. begeistert die Kinder bei seinen Wanderungen.

Leberblümchen

Der Buntspecht erfreut uns mit seinem Hämmern zu jeder Jahreszeit.

Der Hirschkäfer, der größte und einer der seltensten Käfer unserer Region.

Das Jagdhaus des Abtes Gabriel vom Kloster Neuzelle, heutige Gaststätte »Forsthaus Siehdichum« macht ihrem Namen alle Ehre.

Willst du dich am Ganzen erquicken, so musst du das Ganze im Kleinsten erblicken.
J. W. v. Goethe

Türkenbundlilie

Frauenschuh

Rotes Waldvögelein

Knabenkraut

Sommeridylle am Schlaubetal

Die Schlaube fließt als Wiesenbach bei der Ragower Mühle.
Hier spürt man besonders die Abwechslung der Vegetation.

Im Wechsel der Jahreszeiten grüßt Müllrose als nördliches Tor des Schlaubetals seine Gäste.

Herbst in Kaisermühle

Im Finden liegt mehr Glück und
Befriedigung als im Pflücken.
Charles Lindbergh

Laß deine Augen offen sein, geschlossen deinen Mund und wandle still, so werden dir geheime Dinge kund.
Herrmann Löns

Für Angler sind die vielen Seen, wie hier der Wirchensee, das Paradies.

Zwischen Kieselwitzer und Bremsdorfer Mühle liegt der idyllische Jacobsee.

Winter im Schlaubetal

Das Muffelwild sucht sich ein sonniges Plätzchen.

Die Jagdhornbläser aus Sembten eröffnen auf dem Eis des Wirchensees das neue Jahr.

Zamper, Zamper, Zieschen,
uns friert's an den Füßchen.
Laßt uns nicht so lange steh'n
wir wollen noch ein Häuschen
weitergehen.
Ich bin der kleine König,
gib mir nicht so wenig,
gib mir nicht zuviel,
sonst komm ich mit dem
Besenstiel.

Zamperspruch

Das Fastnachttreiben beginnt.

Abschied vom Schlaubetal auf der verschneiten Allee nach Treppeln

Man kann sich wohl den Weg wählen, aber nicht die Menschen, denen man begegnet.
A. Schnitzler

Zwischen Winter und Herbst grüßen uns immer wieder die weiten Rapsfelder.

Die Henzendorfer/ Gubener Heide

Ein Kernstück des Naturparks Schlaubetal ist die Henzendorfer/Gubener Heide mit dem Findlingspark. Hier rollten bis 1989 noch sowjetische Panzer, hier befand sich ein riesiger Truppenübungsplatz. Nach der Schaffung der deutschen Einheit wurde diese schöne und einmalige Landschaft dem sanften Tourismus zugänglich gemacht. Der jetzt erschlossene Teil der Heide läßt Einheimische und Gäste staunen. Dem Naturschutz, vertreten durch die Naturschutzstation Wirchensee und dem Landschaftspflegeverband „Naturpark Schlaubetal/Gubener Heide, Oder-Neiße e.V.", ist dies zu verdanken. So wurden 1991 Heidschnucken aus der Lüneburger Heide hier angesiedelt, um die Heideflächen in ihrer Form offen zu halten. Jetzt ist es bereits eine große Herde, die von dem Schäfermeister mit viel Liebe und Opferbereitschaft das ganze Jahr über gepflegt und gehegt wird. Der Reichtum dieses 2840 ha großen Naturschutzgebietes liegt auch in der Tierwelt. Rotwild hat hier sein Einstandsgebiet. Die Smaragdeidechse hat ihren Bau in den Sanddünen, der scheue und stolze Kranich kommt jedes Jahr zum Brüten. Auch Wiedehopf, Ziegenmelker, Brachpieper, Steinschmätzer und viele andere Vogelarten bereichern die Landschaft. Außer der lieblichen Heidelandschaft befinden sich in diesem Naturschutzgebiet bedeutende Kleingewässer, worin Sie eine artenreiche Floravielfalt vorfinden, wie die weiße Seerose, den mittleren Sonnentau und großflächiges Sumpfporstvorkommen. Das Wort Heide erinnert schon allein an Ruhe, Stille, Romantik, Schafe und Schäfer, Lerchengesang, blauen Himmel und den fernen lila Farbton des Heidekrautes. Hier können Sie alles noch wirklich erleben. Genießen Sie diese Schönheit mit Achtung und Ehrfurcht.

Mein Tipp: Von Neuzelle bieten sich zwei Wege an, um in diese schöne Landschaft zu gelangen. Der erste führt Sie über Möbiskruge, Kobbeln, Treppeln ins Schlaubetal. Fahren Sie in Richtung Muckrow bis zur Kreuzung mit dem Wegweiser Reicherskreuz, biegen links ab und fahren bis zu diesem Ort, einem denkmalgeschützten Dorf. Hier kann kein Bauer pflügen, bevor sein Acker nicht von Steinen abgelesen wird. Deshalb entstanden auch Lese- und Steinhaufen am Rande der Felder, wo Schlangen, Eidechsen und Käfer Unterschlupf fn den. Aus den größeren Steinen wurden Häuser und Scheunen und sogar Kirchen gebaut, so wie Sie das heute noch sehen können. In dem Ort mit seinen 43 Einwohnern sollten Sie einen kleinen Rundgang machen. Von hier fahren Sie in Richtung Pinnow und sind in wenigen Minuten im Heidegebiet.

Der zweite Weg führt mit dem Auto von Neuzelle über Kummero, Ossendorf, Bahro bis nach Henzendorf. Sowohl in Reicherskreuz als auch in Henzendorf lassen Sie das Auto auf einem Parkplatz stehen, um zu Fuß die Heide zu erkunden. Das eindrucksvollste Erlebnis haben Sie bei einer Fahrt mit einem Planwagen, einer Kutsche oder dem Langholzwagen,

wo Sie gemütlich sitzen können und auch mit Getränken versorgt werden. Die Route, die Zeit und den Preis handeln Sie aus. So nehmen Sie eine schöne Erinnerung mit nach Hause. Hinweisschilder lenken Sie zum Aussichtsturm, wo Sie nach allen Himmelsrichtungen einen lohnenden Ausblick haben.

Genießen Sie die wunderschöne Heide mit dem blauen Himmel und atmen die reine Luft dieser Gegend in vollen Zügen ein. Bestimmt sehen Sie auch den Schäfermeister mit seinen Heidschnucken und spüren, wie schön ein Tag in unserem Brandenburger Land sein kann. Ähnliche Freuden können Sie im Mai/Juni zur Ginsterblüte erleben oder an einem klaren, frostigen Wintertag zwischen 11 und 13 Uhr, wenn die Sonnenstrahlen den Rauhreif an den Birken wie Brillanten funkeln lassen. Na dann, bis zum Heidefest Ende August oder vielleicht schon Pfingsten bei einer Kutschfahrt zur Ginsterblüte!

Der Findlingspark: Wandern Sie vom Aussichtsturm in Richtung Henzendorf, so erblicken Sie nach etwa 2 km den Findlingspark, der auch direkt von Henzendorf nach 1 km zu erreichen ist. Dieser Steinpark ist mit großer Mühe von den unermüdlichen Naturschützern und Landschaftspflegern 1997 gestaltet worden. Ein Großteil der sich dort befindenden Steine wurde aus einem ehemaligen Findlingspark in der Nähe von Döbern in den Naturpark Schlaubetal umgelagert, da sie als Relikte der Eiszeit in unsere Gegend gehören. Hier ist ein geologischer Lehrpfad geplant. Die imposanten Steine wurden von Künstlern nach der hethischen, keltischen, germanischen und indianischen Mythologie bearbeitet und z.T. farbig gestaltet. Manche der Steine wiegen über 20 Tonnen. Dieser Steinpark ist einmalig in Deutschland. Auf dem Weg vom Heidehof Henzendorf bis zum Parkplatz werden Sie von markanten Steinen begleitet. Das jährliche Künstlerpleinair wird dazu beitragen, daß die nächsten Steine die Geschichte nach Christus, also der letzten 2000 Jahre, illustrieren. Insgesamt sollen 700 dieser Kolosse aufgestellt werden. Für die Besucher stellt dieser Findlingspark eine lohnende Ergänzung des Heidegebietes dar und wird sehr gern besichtigt. Ein Pavillon bietet vor Regen Schutz, und so mancher Kremser oder Planwagen hat hier angehalten und die Kaffeerunde mit Pflaumenkuchen eröffnet. Na dann, guten Appetit! Möglich ist alles!

Das wichtigste Stück des Reisegepäcks ist und bleibt ein fröhliches Herz.
Herrmann Löns

Viele Wege führen in die Stille der Heide

Frühling in Reicherskreuz, dem denkmalgeschützten Ort der Feldsteinhäuser, am Rande des Heidegebietes

Poststraßenstein aus »der schönen alten Zeit«

Ginsterblüte im Juni

Der Wiedehopf ist ein seltener Vogel, der sich ins Heidegebiet zurückgezogen hat. Bei Gefahr wird durch eine Drüse ein stinkendes Sekret abgesondert. Deshalb die Redewendung »Stinken wie ein Wiedehopf«. Er brütet oft in hohlen Bäumen.

Die Natur kommt ohne uns aus.
Verhalten wir uns dumm genug,
wird es bald so sein.
Ulrich Schotterer

Die unterschiedlichste Vegetation auch in der Heide. Einmal das Moor, etwas weiter hat der Hase seinen Lebensraum.

Seit Jahren brütet der scheue und wachsame Kranich wieder im Teich- und Moorgebiet des Naturparks Schlaubetal. Sein Trompetengesang erfreut alle Kenner!

Rotkappe, Fliegenpilz und Preiselbeere schmücken die Landschaft

Erst der Hirte macht aus den Schafen die Herde.
Russischer Spruch

Die »Gubener Seidentücher« bei der Radpartie.

Planwagen- und Kutschfahrten durch die Heide

Künstler malen inmitten der Heide

Der Heideturm – ein Aussichtspunkt mit schönem Rundblick

Der Neuntöter, auch Rotrückenwürger genannt

Die Smaragdeidechse ist unter Schutz gestellt.

Ein Leben ohne Feste ist wie ein weiter Weg ohne Gasthäuser.
W. Frick

Heidefest in Henzendorf

Empfang mit Kaffee und Kuchen am Findlingspark in der freien Natur. Guten Appetit!

Der Findlingspark bei Henzendorf – eine schöne und interessante Ergänzung der Heide.

Abendstimmung am Steinpark

Heidschnucken prägen die Winterlandschaft der Heide.

Es gibt so viel Schönes, daß uns innerlich reich macht, nur muß man lernen, es zu sehen und zu gewinnen.
Johannes Messner

Winterzauber

Abendstimmung am Findlingspark

Das Ölsetal

Bei all den Schönheiten des Schlaubetals sollte man die kleine Schwester »Ölse« im unberührten Ölsetal nicht vergessen. Sie entspringt im Gebiet des Möschensees und liegt ebenfalls im Naturpark Schlaubetal.

Es war kein Zufall, daß der dänische Heldentenor Lauritz Melchior, nachdem er über 2100 Konzerte in aller Welt gegeben hatte, sich die Gegend um das Dörfchen Chossewitz als Alterssitz aussuchte. Er erwarb das jetzige »Seeschlößchen« als Jagdsitz, genoß die Ruhe und wollte mit seiner Familie den Rest des Lebens hier verbringen. Doch der Ausbruch des II. Weltkrieges vereitelte seine Pläne. Eine Ausstellung in dieser Gaststätte gibt einen Einblick in das Leben des großen Künstlers. Die Gaststätte ist klein und gemütlich, sie liegt auf einer Halbinsel des Chossewitzer Sees, umgeben von alten Bäumen. Übernachtung ist auch hier möglich. Besuchen Sie die kleine Kirche und wandern Sie zirka 2 Stunden um den Klingeteich, wo Sie zwischen Birken und Kiefern einmalige Ausblicke haben. Aber bewahren Sie bitte Ruhe, die Kraniche und Graureiher brüten hier! Ein Kleinod ist hoffentlich bald wieder die Gaststätte »Klingemühle«. Die Fischer lassen es sich nicht nehmen, ihre Fischerfeste am Klingeteich zu feiern. Alljährlich im Oktober findet der große Fischzug statt, zu dem Hunderte von Schaulustigen anreisen. Von der Klingemühle können Sie an alten ehemaligen Mühlen und Teichen vorbei bis zum Ölsener See wandern. Die Hubertusjagd im November ist in der Jankemühle ein besonderes Erlebnis für Jäger und Gäste.

Die kleine Ölse fließt in die Spree, diese in die Elbe und gelangt somit in die Nordsee. Die Schlaube dagegen fließt über den Kanal in die Oder und dann zur Ostsee. Das bedeutet, hier liegt eine Wasserscheide. Wer diese durchwandert, bekommt im Forsthaus »Siehdichum« eine Urkunde.

Das verträumte Örtchen Chossewitz im Ölsetal

Die Stille ist der Humus für unsere Seele.
Franz Alt

Fachwerkkirche in Chossewitz

Das »Seeschlößchen« in Chossewitz – die zweite Heimat von Lauritz Melchior.

Klingeteich bei Chossewitz

Jährlich findet im Oktober der »Große Fischzug« statt.

Ein begeisterter Zuschauer

Hubertusjagd und Trophäenschau im Ölsetal.

Das Publikum beklatscht ein Feuerwerk, doch keinen Sonnenuntergang.
F. Hebbel

Sonnenuntergang am Chossewitzer See

Eisenhüttenstadt

Eisenhüttenstadt ist eine Stadt, die aus den Teilen Schönfließ, Fürstenberg und dem ehemaligen Stalinstadt zusammengelegt wurde. Die heutige Lindenallee mit dem Friedrich-Wolf-Theater, die Insel mit Schwimmhalle und dem Heimattiergarten sowie der Rundblick von den Diehloer Bergen bieten für jeden etwas. Viele Wohngebiete sind von Gärten und Blumenrabatten umgeben. Die alte Stadt Fürstenberg lädt mit der Königstraße, dem alten Rathaus, dem Feuerwehrmuseum und der Pfarrkirche St. Nikolai mit Fischerkiez zum Verweilen ein. Eine Fuß- oder Radwanderung über die Kanalbrücke in Richtung Neuzelle-Ratzdorf ist immer ein besonderes Erlebnis.

Nikolaikirche mit Kiez und Kanal

Friedrich-Wolf-Theater und überall Blumenrabatten

Kreisstadt Beeskow

Beeskow ist die Kreisstadt, die man erst so richtig lieben lernt, wenn man die alten Straßen um die Sankt Marienkirche und die Winkel an der alten Stadtmauer mit der Burg kennenlernt. Ein Markplatzbummel lohnt sich an den Markttagen. Gerade im Sommer sollte man die angebotenen Wanderungen in der Spreeniederung wahrnehmen.

Die Burg, Luckauer Tor und Marktplatz

Bad Saarow

Das Heilbad Bad Saarow, am Scharmützelsee gelegen, mit 4000 Einwohnern, ist etwa eine Autostunde von Neuzelle entfernt. Schon in den 20er und 30er Jahren war Bad Saarow ein beliebtes Domizil von Künstlern und Prominenten. Heute entsteht der Erholungsort in neuer Blüte nach modernster Art. Ein attraktives Kur- und Badezentrum mit dem Schatz der Saarow-Therme bietet für jeden etwas, um gesund zu bleiben oder auch wieder zu werden. Eine Schiffsfahrt auf dem Scharmützelsee ist ein besonderes Erlebnis. Ein alter Spruch sagt: „Wenn du mal nach Saarow kommst, ist dies nie ganz umsonst, denn die Quelle hier am Ort pustet manches Leiden fort.“ Für anspruchsvollere Gäste hält das Hotel Kempinski mit Sporting Club alles bereit, was man sich wünschen kann. Direkt am Scharmützelsee, dem märkischen Meer, gelegen, warten die Golfplätze, das Reiterzentrum, der Jachthafen, die Tennisanlagen und natürlich auch das Neuzeller Bierbad auf die Gäste.

Maxim-Gorki-Haus

Bahnhofsgebäude im Jugendstil

Therme

Hafenansicht vom Hotel Kempinski

Guben

Von Neuzelle 16 km entfernt liegt das 1235 gegründete Guben, früher eine blühende Garten-, Tuchmacher- und Hutstadt, heute durch den Krieg eine geteilte Grenzstadt, bestehend aus Guben und Gubin. Systematisch versucht man, die alten Vorurteile abzubauen und freundschaftliche Bande zwischen Deutschen und Polen zu knüpfen. Ein Besuch des Polenmarktes ist nicht nur interessant, sondern ist eine feste Gewohnheit des alltäglichen Lebens für viele Gubener Bürger und Gäste geworden. Die reizvolle Umgebung mit vielen Seen reicht bis zur märkischen Heidelandschaft Pinnow - Henzendorf - Reicherskreuz.

Guben war immer Stadt der Baumblüte – heute führen von vielen Richtungen Süßkirschenalleen dorthin.

Guben und Gubin –
die geteilte Eurostadt

Guben:
Hotel- und Freizeitanlage Waldow,
Postmeilensäule und lutherische Kirche

Gubin:
Polenmarkt und wiedererbautes Rathaus

Cottbus

Besuchen Sie, 60 km von Neuzelle entfernt, Cottbus, die 120.000 Einwohnern zählende grüne Hauptstadt der Niederlausitz. Bummeln Sie von der Spremberger Straße zum Altmarkt, bewundern Sie die Bürger- und Traufenhäuser aus dem 18. und 19. Jahrhundert. Sehen Sie sich das wendische Viertel mit der ehrwürdigen alten Klosterkirche (früher wendische Kirche) an und wandern dann zur Oberkirche St. Nikolai. Von dem 55 m hohen Kirchturm haben Sie einen herrlichen Blick auf die Stadt. Das im Spätjugendstil 1908 erbaute Theater ist sehenswert. Nach diesem Stadtbummel versäumen Sie nicht, den Fürst-Pückler-Park in Branitz mit dem Museum und dem Schloß zu besuchen. Jeder Kunst- und Naturliebhaber kommt hier auf seine Kosten. Natürlich können Sie auch kulturvoll speisen, und für die Kinder ist ein Abstecher in den Tierpark zu empfehlen.

Cottbus – grüne Hauptstadt der Niederlausitz

Marktplatz mit Oberkirche

Fürst-Pückler-Pyramide

Schloß Branitz

Stadtheater

Forst

Lieben Sie Rosen und schöne Parkanlagen im englischen Stil? Dann sind Sie richtig im „Forster Rosengarten“. Hier können Sie zwischen Wasserspielen und 40 000 Rosenstöcken so richtig wandeln, träumen und genießen. Die „Rosenfesttage“ und die „Nacht der tausend Lichter“ sowie die Wahl der Rosenkönigin sind die Höhepunkte im Rosengarten. Übrigens werden Sie vor der Rosenblüte durch die Rhododendronblüte und danach durch die Dahlienblüte verzaubert. Sie fahren im Auto an einer lieblichen Landschaft der Neiße vorbei und sind in gut 40 Minuten am Ziel. Das wäre ein Ausflug mit großem Effekt. Am Braunkohlentagebau kommen Sie auch vorbei.

Spreewald

Wer mehrere Tage, von April bis Oktober, in unserer Region Urlaub macht, der sollte einen Tag für den Spreewald, ein einmaliges mitteleuropäisches Landschaftsgebiet, verwenden. Alle Gäste und Landsleute, sind dankbar und begeistert, daß es in Europa noch solche Ruhe, Schönheit, Romantik und Traditionen gibt, denn Straßen sind hier die Fließe! Eine Kahnfahrt ohne Motor, von Vogelgezwitscher begleitet, vorbei an Libellen, Enten und Schwänen, an weißen Seerosen und gelben Teichrosen, was kann noch schöner sein? An den Ufern grüßen Sie urige Bauernhäuser mit üppigen Gärten. Mag der Weg in Lübbenau bis zum Hafen im Sommer sehr betriebsam erscheinen, auf dem Kahn ist es idyllisch, wenn nicht gerade Petrus seine Schleusen öffnet. Eine dreistündige Rundfahrt mit Aufenthalt im Museumsdorf Lehde ist immer ein Erlebnis. Hier begegnen Ihnen überall sorbische Traditionen. Ruhiger ist es in Burg. Man sieht weniger Bauerngehöfte, aber dafür werden Sie durch die Fließe geschleust. Höhepunkte sind die Spreewaldfeste im September in Lübbenau, Lehde, Lübben, Burg und Schlepzig. Dort beginnt bereits am Nachmittag der berühmte Kahnkorso. Auch wenn man glaubt, den Spreewald zu kennen, sollte man diesen Kahnkorso, von dem uns die Spreewaldbewohner mit ihren herrlichen Trachten zuwinken, nicht versäumen.

Eine Kahnfahrt, wo man die Seele baumeln lassen kann

Spreewaldfeste muß man erlebt haben!

Ostermalerei

Heuschober

Kirchen um Neuzelle

In den umliegenden Dörfern finden Sie Kirchen, die durch ihre bescheidene, architektonische Bauweise hier typisch sind. Meist bestehen sie aus Feldsteinen oder Lehmfachwerk und erzählen uns, daß die Bewohner ihre Gotteshäuser ohne Reichtum ausstatten mußten. Trotzdem rühren sie uns gerade in ihrer Einfachheit. Ihre Glocken, Orgeln, Türme und Bildmotive sind wertvolle Schätze und spiegeln das Leben der Vergangenheit wider. Sie aufzusuchen, bereichert nicht nur unsere Seele, sondern erzeugt auch Hochachtung vor der Kunstfertigkeit der damaligen Handwerker.

Steinsdorf

Fünfeichen

Mixdorf

Müllrose

Friedland

Grunow

Rießen

Reicherskreuz

Bomsdorf

Göhlen

Henzendorf

Grießen

Klar ruhn die Lüfte auf der weiten Flur;
Fern dampft der See, das hohe Röhricht flimmert,
Im Schilf verglüht die letzte Sonnenspur,
Ein blasses Wölkchen rötet sich und schimmert.

Vom Wiesengrunde kommt ein Glockenton,
Der Hirte sammelt seine satte Herde;
Im stillen Walde steht die Dämmrung schon,
Ein Duft von Tau entweicht der warmen Erde.

Im jungen Roggen rührt sich nicht ein Halm,
Die Glocke schweigt wie aus der Welt geschieden;
Nur noch die Grillen geigen ihren Psalm.
So sei doch froh, mein Herz, in all dem Frieden!

Richard Dehmel

Nachwort

Liebe Natur- und Wanderfreunde, werte Gäste!

Sicherlich haben Sie den Bildband erworben, um auch persönlich mit Freunden und Bekannten diese oder jene Wanderung zu unternehmen oder sich eines der Klosterkonzerte anzuhören.
Noch können Sie sich an den Perlen der Schöpfung erfreuen. Doch das Gleichgewicht der Natur wird immer mehr gefährdet. Denken Sie nur an die Ölverpestung der Atlantikküste oder an das Sterben von Millionen Fischen im Theiß-Donau-Delta im Frühjahr 2000. Durch Gewinnsucht und Machtstreben in der ganzen Welt versündigen sich die Menschen immer mehr an der gesamten Natur.
Deshalb, liebe Gäste und Wanderfreunde, bitte ich Sie als Naturfreund und langjähriges Mitglied des Bundes für Umwelt und Naturschutz, unsere Naturschönheiten und Kulturdenkmäler in ihrer Einzigartigkeit zu pflegen und zu bewahren, damit auch nachfolgende Generationen daraus Kraft und Freude schöpfen können.
Meiden Sie im Wald- und Heidegebiet das Rauchen und Lärmen, seien Sie rücksichtsvoll und achten Sie auf Ordnung und Sauberkeit.
Nur wenn wir schonender mit der Umwelt und der gesamten Natur umgehen, haben Ihre Kinder und Enkelkinder die Chance, das neue Jahrhundert menschlich zu erleben.
Die alte Indianerweisheit sollte uns zum Nachdenken anregen:
„Wenn ihr den letzten Fluß verschmutzt,
wenn ihr den letzten Baum gefällt
und den letzten Fisch vergiftet habt,
werdet ihr merken, daß man Geld nicht essen kann.“

In diesem Sinne danke ich für das Verständnis und wünsche Ihnen natur- und kulturvolle Tage in unserem märkischen Land Brandenburg.

Ihr
Hans-Joachim Schulze

Hans-Joachim Schulze, geboren am 3. Mai 1931 in Neuzelle, war nach seinem Mittelschulabschluß bei der Deutschen Reichsbahn als Reichsbahnamtmann überwiegend im schulischen Bereich tätig. Schon als jüngster Ausbilder gründete er die Arbeitsgemeinschaft »Natur«, was für Schüler der Eisenbahn ungewöhnlich war. Theoretisch und praktisch wurden dadurch Hunderte von jungen Menschen erzogen, die Natur zu pflegen und zu bewahren, also auch Freude daran zu haben.
Seit Jahrzehnten widmet sich Hans-Joachim Schulze der Fotografie. Bei seinen vielen Urlaubsreisen im In- und Ausland entstanden so umfangreiche Foto- und Diaserien.
Schon bald wurde er über die Region hinaus mit seinen Farblichtbildvorträgen bekannt.
Nach der Wende verstärkte er die Vortragstätigkeit und macht auch Fotoausstellungen, wie z.B. »Kinder aus aller Welt« und »Die Schönheiten unserer Natur«.
Seit 1993 ist Hans-Joachim Schulze mit Herz und Seele als Reise- und Wanderleiter tätig, wobei er jede Gelegenheit nutzt, die heimatliche Natur zu erläutern.
1994 kam sein erster Heimatkalender »Neuzelle, Schlaubetal und Umgebung« heraus, welcher von Jahr zu Jahr einen großen Anklang gefunden hat und heute sogar ein Sammelobjekt geworden ist.
Mit fast 70 Jahren ist Hans-Joachim Schulze fast jede freie Stunde in der Natur tätig und scheut auch keine Auseinandersetzung, wenn es um den Naturschutz geht. Die Alleen, der Naturpark Schlaubetal, die Neuzelle Wiesenaue und »Kulisch Berg« liegen ihm besonders am Herzen.
Sein Wunsch und Vorschlag ist es auch schon lange, auf dem Klosterteich eine Wasserfontäne zu sehen, worüber sich sicherlich Einheimische und Gäste freuen würden.
Sein fotografisches Lebenswerk dokumentiert dieser Bildband, der den gleichen Namen wie der Kalender trägt.

Rettet die Alleen, die Bäume und den Wald,
macht endlich mit der Motorsäge halt.
Vernichtet nicht die Natur mit all dem Leben,
sonst haben auch wir bald Dürre
und der Sturm wird fegen.
Hans-Joachim Schulze

Tourismus-Information des Amtes Neuzelle
Stiftsplatz 11 · 15898 Neuzelle
Tel. 033652/6102 · Fax 033652/8077

Mo - Fr	10.00 bis 12.00 Uhr und
	12.30 bis 16.00 Uhr
Sa/So	12.00 bis 15.30 Uhr

Katholische Stiftskirche St. Marien
Winterzeit (1.11. bis Gründonnerstag):

Mo - Sa	11.00 bis 12.00 Uhr und
	14.00 bis 15.30 Uhr
So	11.00 bis 12.00 Uhr und
	13.00 bis 15.30 Uhr

Sommerzeit (Ostersonntag bis 31.10.):

Mo - Fr	10.00 bis 12.00 Uhr und
	14.00 bis 16.00 Uhr
Sa	11.00 bis 12.00 Uhr und
	14.00 bis 16.00 Uhr
So	11.00 bis 12.00 Uhr und
	13.00 bis 16.00 Uhr

Karfreitag und Karsamstag keine Besichtigungszeiten

Evangelische Kirche zum Heiligen Kreuz

Täglich	10.00 bis 11.00 Uhr und
	13.00 bis 14.00 Uhr

Klosterbrauerei
Besichtigung ohne Verkostung ca. 45 Minuten,
mitVerkostung ca. 90 Minuten
Tel. 033652/81012 · Fax 033652/81070
Intenet: http://www.neuzeller-bier.de
e-mail: info@neuzeller-bier.de

Bitte beachten Sie, daß die Führungen in Neuzelle nur nach vorheriger Anmeldung möglich sind. Entweder bei der Tourismusinformation oder beim katholischen Pfarramt, Tel. 033652/282.

Evangelisches Pfarramt
Tel. 033652/319

Weitere Informationen über die Region erhalten Sie:

Tourismusverband »Oder-Spree-Seengebiet« e.V.
Berliner Straße 30 · 15848 Beeskow
e-mail: info@oder-spree-seengebiet.de
Internet: http://www.oder-spree-seengebiet.de

Fremdenverkehrsverein Schlaubetal und Umgebung e.V.
Kietz 5 · 15299 Müllrose
Tel./Fax 033606/667

Fremdenverkehrsverein Oder-Neiße-Region e.V.
Lindenallee 2 a · 15890 Eisenhüttenstadt
Tel. 03364/413690 · Fax 03364/413687

Fremdenverkehrsverein
Märkische Tourismus-Zentrale Beeskow e.V.
Berliner Straße 30 · 15848 Beeskow
Tel./Fax 03366/22949

Fremdenverkehrsverein Neiße-Land Guben e.V.
Berliner Str. 30 a · 03172 Guben
Tel. 03561/3867

Hans-Joachim Schulze
Reise- und Wanderleiter · Dia-Vorträge
Bahnhofstraße 10 · 15898 Neuzelle
Tel. 033652/375